Jani Legov

Italienische Renaissance. Vergleich des Palazzos Farnese in Rom und des Palazzos Medici Riccardi in Florenz

GRIN Verlag

Bibliografische Information der Deutschen Nationalbibliothek:

Die Deutsche Bibliothek verzeichnet diese Publikation in der Deutschen National-
bibliografie; detaillierte bibliografische Daten sind im Internet über http://dnb.d-
nb.de/ abrufbar.

Impressum:

Copyright © 2014 GRIN Verlag GmbH
Druck und Bindung: Books on Demand GmbH, Norderstedt Germany
ISBN: 978-3-656-84315-3

Dieses Buch bei GRIN:

http://www.grin.com/de/e-book/284315/italienische-renaissance-vergleich-des-
palazzos-farnese-in-rom-und-des

GRIN - Your knowledge has value

Der GRIN Verlag publiziert seit 1998 wissenschaftliche Arbeiten von Studenten, Hochschullehrern und anderen Akademikern als eBook und gedrucktes Buch. Die Verlagswebsite www.grin.com ist die ideale Plattform zur Veröffentlichung von Hausarbeiten, Abschlussarbeiten, wissenschaftlichen Aufsätzen, Dissertationen und Fachbüchern.

Besuchen Sie uns im Internet:

http://www.grin.com/

http://www.facebook.com/grincom

http://www.twitter.com/grin_com

Hochschule Wismar
Fakultät für Gestaltung
Fach: Architekturtheorie

Sommersemester 2014

Vergleich des Palazzos Farnese in Rom und des Palazzos Medici Riccardi in Florenz

Eingereicht von:
Janina Vogel

Fachsemester: 6. Semester

Abgabetermin: 15.10.2014

Inhaltsverzeichnis

I Abbildungsverzeichnis

1. Einleitung

Erinnert man sich an seinen Schulunterricht zurück oder schlägt ein Lexikon auf, so wird die Renaissance meist auf den Zeitraum 1400-1600 beschränkt und als Wiedergeburt der Antike definiert. Oft wird in dem Zusammenhang auch behauptet, die Renaissance sei das Ende des *finsteren Mittelalters*. Aber schon in den zwanziger Jahren des 13. Jahrhunderts beschäftigte man sich mit Künstlern und Dichtern aus der Antike.[1] Die aus Frankreich stammende Gotik galt als verpönt, doch stellt Christoph Luitpold Frommel in seinem Buch *Architektur der Renaissance* fest, dass die Architekten seit Brunelleschi versucht haben, die Funktionen und Konstruktionsmethoden des Spätmittelalters mit jenen der Antike zu verbinden[2]. Warum die Renaissance ihren Ursprung in Italien hat, lag unter anderem an der Auslöschung des Ostreichs durch die Türken im Jahre 1453, denn dadurch flohen griechische Gelehrte besonders nach Florenz. Das sorgte für die Verbreitung von humanistischem Gedankengut. Das Interesse an antiken Ruinen und antiker Literatur entstand. Ein weiterer Grund für die Wichtigkeit Italiens waren die Handelsbeziehungen zum Orient, was dafür sorgte, dass die finanziellen Erträge in das Kunsthandwerk flossen. Florenz wurde nicht nur das Zentrum der Kunst sondern auch der Bankgeschäfte, sowie Heimatort der Familie Medici, die zu den größten Kunstförderern seinerzeit gehörte[3]. Um der Familie ein Zuhause zu bieten und die wirtschaftlichen Beziehungen zu stabilisieren, ließen sie sich von Michelozzo einen Palast in Florenz bauen.

Palazzo ist das italienische Wort für Palast (lat. palatium). Laut Hans Koepfs *Wörterbuch der Architektur* leitet sich dieser Name ab von römischen Kaiserbauten, die auf dem Palatin standen. Allgemein handelt es sich hierbei um Königs-oder Fürstensitze, sowie öffentliche Gebäude[4]. „In der mittelalterlichen Stadt zählte der Palast nicht zu den privat genutzten Bauwerken. Es gab daher keine Paläste, die einzelnen Familien gehörten, auch wenn diese Familien begütert und einflussreich waren[5]." In der Renaissance wurden sie aber auch von nur einer Familie wie zum Beispiel den Medici, später Riccardi oder Farnese bewohnt. Generell hatten sie die Funktion den Bewohnern ein angenehmes und sicheres Leben zu gewähren und den Reichtum und somit auch die Macht zu repräsentieren. Noch anzumerken ist, dass die geschlossene Bauweise um den gemeinsamen Hof herum, an den Begriff Blockrandbebauung erinnert. Sie war typisch für die römische Stadt und ist in der Moderne Vorbild für das Berliner Mietshaus[6].

---

[1] Vgl.: Carbonell/ Eduard; Cassanelli, Roberto; Velmans, Tania, *Das Zeitalter der Renaissance*, 2003, S.8
[2] Vgl.: Frommel, Christoph Luitpold, Die Architektur der Renaissance, 2009, S. 11
[3] Vgl.: Schwanitz, Dietrich, *Bildung, alles was man wissen muss*, 2010, S. 110-112
[4] Koepf, Hans, *Bilderwörterbuch der Architektur*, 1999, S. 342
[5] Vgl.: Gurrieri, Francesco/Fabbri, Patrizia, *Die Paläste von Florenz*, 1995, S. 42.
[6] Vorlesung 6 vom 22.04.2014 bei Frau Prof. Deicher

„Der *Palazzo Medici Riccardi (1444)* war ein Vorbild für die Paläste des 15. Jahrhunderts (...)[7]." 69 Jahre später, in der Zeit der Hochrenaissance, wurde der *Palazzo Farnese* in Rom in Auftrag gegeben. Zunächst war Florenz das Kunstzentrum. Es verlagerte sich dann mit Nikolaus V., der ab 1447 Papst war, nach Rom[8]. Die kirchlichen Abgaben ermöglichten der heutigen Hauptstadt Roms Päpste die Stadt neuaufzubauen und damit mehr Künstler beschäftigen zu können, bis es 1517 zur Reformation kam[9].

Die vorliegende Arbeit befasst sich insbesondere mit den Fassaden sowie den Grundrissen der Erdgeschosse beider Bauten. Das Anliegen dieser Untersuchung ist der Vergleich im Hinblick auf die antiken Merkmale zurzeit der Früh-und Hochrenaissance. Im Anschluss werden die Gemeinsamkeiten und Unterschiede zusammengefasst. Der Arbeit behilflich waren hauptsächlich die Traktate von Vitruv (1. Jh. Vor Chr.) *10 Bücher über die Architektur(de architectura libri decem)* und *Zehn Bücher über die Baukunst* von Alberti (1404 – 1472). Vitruvs Schriften wurden schon im Mittelalter kopiert, stießen aber zu derzeit noch auf Desinteresse. Erst 1414, in der Frührenaissance, drangen die Schriften durch Poggio Bracciolini (1380-1459) in das Bewusstsein der gebildeteren Menschen[10] und somit auch zu den Architekten. Alberti war Philosoph, Theologe, Rhetor, Linguist, Humanist, Kunsthistoriker und neben Filippo Brunelleschi (1377-1446) der wichtigste Architekt der Frührenaissance. Er genoss eine humanistische Ausbildung in Padua, beschäftigte sich mit den Ruinen in Rom während er den *libri decem* las und mithilfe dessen sein oben genanntes Traktat verfasste[11]. Als aktuelle Literatur zum Thema wurden Christoph Luitpold Frommels (*1933) *Die Architektur der Renaissance in Italien* und *Der Römische Palastbau der Hochrenaissance* verwendet. Frommel ist ein deutsch-italienischer Kunsthistoriker und wurde schon mehrfach ausgezeichnet[12].

---

[7] Gurrieri/ Fabbri, S. 50
[8] Bühler , Dr. Christoph *Das Rom der Renaissance, 2006,*
http://www.zum.de/Faecher/G/BW/Landeskunde/w3/it/rom/renaissance/index.htm, Letzter Stand 05.10.2014
[9] Schwanitz, S. 111
[10] Von Brauchitsch, Boris, *Renaissance*, 1999, S. 12
[11] Kastorff-Viehmann, Renate, *Meilensteine der Architektur*, 2010, S. 96-97
[12] K.A., Literatur, Sachbuch, Wissenschaft, *Autor "Christoph Luitpold Frommel"*, Keine Angabe zum Erstellungsdatum, http://www.chbeck.de/trefferliste.aspx?action=author&author=25879, letzter Stand: 26.09.2014

2. Analyse Palazzo Medici Riccardi

Nachdem Brunelleschi, der sich mit Donatello zur Antike bekannte, gestorben war, übernahm Michelozzo di Bartolomeo (1396-1472) die Stelle als Dombaumeister und führenden Architekten von Florenz. Er zeichnete sich durch diverse Aufträge aus und bekam um 1444 von Cosimo de Medici, dem Älteren, den Auftrag den *Palazzo Medici Riccardi* in der heutigen Via Camillo Benso Cavour in Florenz zu bauen[13]. Der Bau ist zeitlich gesehen in die Frührenaissance (Quattrocento) einzuordnen. Das Bauwerk ist lediglich zwei Gehminuten von Brunelleschis *Santa Maria del Fiore* und Albertis *San Lorenzo* entfernt. Dank Google Earth ist es heutzutage möglich, sich direkt in das Treiben der italienischen Straßen zu versetzen und sich einen Eindruck des beeindruckenden Baus zu verschaffen.

Man steht vor der dreigeschossigen Hauptfassade des rechteckigen Gebäudes, dessen Front sich imposant in die Höhe und in die Breite streckt. Der Bau misst stattliche 55x41x25 Meter (Länge x Breite x Höhe). Die dreiteilige Gliederung ergibt sich aus der horizontalen Anordnung der Fenster und den Gurtgesimsen. Die Rustika (lat. rusticus = Bauer), die besonders in der italienischen Renaissance (Toskana) verbreitet war, aber auch schon in der Antike vorkam[14], nimmt beim *Palazzo Medici Riccardi* in ihrer Plastizität von unten nach oben ab. Das fugenlose Mauerwerk im Obergeschoss stellt sich als Inkrustation heraus[15]. Das Interessante dabei ist, dass diese Bekleidung aus Blendsteinen oft rein ornamental angebracht wurde[16] und schon Verwendung in der Protorenaissance (11. Und 12 Jahrhundert) fand[17]. Die Familienwappen an den Ecken verstecken sich nicht, aber drängen sich dem Betrachter auch nicht auf. Im Erdgeschoss erkennt man vergitterte Fenster, die von Dreiecksgiebeln geschützt werden. Das Fensterbankgesims und die Giebel liegen auf Konsolen auf. Man kann es als Verweis auf den Architekten verstehen, der deutlich machen wollte, dass er sich mit der antiken Architektur auseinandergesetzt hat. Das zweite und dritte Geschoss wird von axialangelegten Biforien geordnet[18]. Über der Mittelsäule mit ionisch anmutendem Kapitell sitzen Tondi. Die gebogene Form der Fenster gibt den Hinweis auf die zeitliche Einordnung in die Frührenaissance. Die Öffnungen werden durch einen Überfangbogen überspannt. Auf eine axiale Anordnung mit dem Erdgeschoss wurde hierbei verzichtet. Eine weitere Besonderheit sind die Blindfenster im zweiten (8. und 16. Fenster v.l.) und dritten Geschoss (2. und 8. und 16. Fenster v.l.). Hier ist allerdings zu erwähnen, dass es keine Angaben dazu gab, ob sie ursprünglich als Blindfenster vorgesehen waren,

---

[13] Vgl.: Frommel, Christoph Luitpold, *Die Architektur der Renaissance*, 2009, S. 33

[14] Koepf, S. 389

[15] Vgl.: Frommel, Christoph Luitpold, *Die Architektur der Renaissance*, 2009, S. 33

[16] Koepf, S. 249

[17] Vgl.: Von Brauchitsch, S. 43. Der Begriff Protorenaissance wurde vom Kunsthistoriker Jacob Burckhardt geprägt. Gesammelte Werke, Kapitel III, S. 21 ff.

[18] Ein Biforium ist ein gekuppeltes Fenster, das durch eine Säule in zwei Öffnungen geteilt wird, Der Duden, 2013, http://www.duden.de/rechtschreibung/Biforium, letzter Stand: 05.10.2014

um die Anordnung der Fenster nicht zu unterbrechen oder ob sie nachträglich zugemauert wurden. Das Kranzgesims des auskragenden Daches weist als Ornamente Zahnschnitt, Eierstab (Kyma) und Konsolen auf und nimmt durch seine Form Bezug zu den genannten Gesimsen. Eine zusätzlich interessante Entdeckung ist die zinnenbekrönte Mauer, die den Garten schützt. Die Form der Zinnen erinnern stark an den *Palazzo Vecchio* (ab 1299[19]) in Florenz. Er gilt als traditioneller Florentinischer Palastbau in Italien[20]. Hieraus ergibt sich die Erkenntnis, dass Michelozzo nicht hundertprozentig die neue Formensprache, die Brunelleschi eingeführt hatte, anwendete und vielmehr beide Stile am Palast der Medici verwob.

Steht man vor den massiven Mauern des *Palazzo Medici Riccardi*, fragt man sich, was sich hinter der markanten Fassade verbirgt. Abbildung 1 lässt vermuten, dass der *Palazzo Medici Riccardi* auf einem rechteckigen Grundriss beruht. Abbildung 2 bestätigt die Annahme und veranschaulicht, wie der Besucher durch den Eingangskorridor (*andito*) direkt zum Atrium geleitet wird. Auch von allen anderen Räumen im Erdgeschoss lässt sich das Atrium erreichen, was vermuten lässt, dass dieser Platz eine hervorgehobene Stellung einnimmt. Mit dem Hintergrund, dass die Medici eine wirtschaftlich erfolgreiche Bankiersfamilie war und sie das Atrium für die Audienzen verwendeten, würde dies die These, das Atrium sei ein wichtiger Ort, unterstützen. Rechts neben dem Atrium liegt ein Treppenhaus, über das sich die übrigen Geschosse erschließen lassen. Auch eine kleine Wendeltreppe links des Atriums ist zu sehen. Nicht nur die Medici ließen sich innerhalb von nur 15 Jahren einen Palast bauen, auch die Adelsfamilie Farnese schuf sich einen Ort des Rückzugs.

3. Analyse Palazzo Farnese

Das zu analysierende Gebäude wird gelegentlich aufgrund seines Namens mit dem *Palazzo Farnese* in Carprarola verwechselt. 1513/14 wurde Sangallo der Jüngere beauftragt den Palast in Rom umzubauen. Bauherr war der Kardinal Alessandro Farnese, der spätere Papst III. Auch Michelangelo Buonaroti, Giacomo Barozzi da Vignola und Giacomo della Porta, der den Bau 1589 vollendete, leisteten bei dem in der Nähe des Tibers gelegenen Baus ihren Beitrag[21]. Der Palast, der der Hochrenaissance zugeordnet werden kann, wird vom *Piazza Farnese*, der damals wichtigen Straße

---

[19] Vgl.: Kastorff-Viehmann, Renate, *Meilensteine der Architektur*, 2010, S. 68
[20] Vgl.: Frommel, Christoph Luitpold, *Die Architektur der Renaissance*, 2009, S. 32
[21] Vgl.: Ording, Viola: *Der Palazzo Farnese in Rom und seine Architekten*, 09.07.2013,
http://suite101.de/article/der-palazzo-farnese-in-rom-und-seine-architekten-a76404#.U_XW-mMfldE, Stand: 21.08.2014

Via Giulia, der *Via die Farnesi* und der *Via del Mascherone* umgeben. Heute residiert hier die französische Botschaft[22].

Die dreiteilige Gliederung der Außenwand erfolgt durch die Gesimse, welche die horizontale Ausrichtung betonen. Die horizontale Fensteranordnung deutet auf die drei Geschosse hin. Die Eckpartien der Etagen sind durch Rustikasteine eingefasst und nehmen Bezug auf das Eingangsportal an der Seite zur *Piazza Farnese*. Durch ihre von unten nach oben abflachende Form, entsteht eine dreiteilige Hierarchie, die dem antiken Vorbild folgt. Die Dreiteilung findet man auch in den Säulen an der Fassade wieder. Sie besteht aus Basis, Schaft und Kapitell. Die Dreiteilung gilt als ein gängiges Merkmal der Antike, doch schreibt Tzonis in seinem Buch *Klassische Griechische Architektur*, 2004, S. 199. , dass es weniger um die Zahl drei ginge, als eher um ein Gefüge aus einem Anfang, Mittelteil und Ende. Man kann sagen, dass das Erdgeschoss dem Anfang, das erste Obergeschoss dem Mittelteil und das Kranzgesims dem Ende entspricht.

Die axialsymmetrische Gestaltung der Fenster erinnert stark an ein Ädikula, das ursprünglich bei Tempeln als Nische für Statuen dient. Sie sind durch flankierende Säulen korinthischer Ordnung und Dreiecks oder Segmentgiebel geprägt [23]. Zum Vergleich der Fenster im Erdgeschoss und zweiten Obergeschoss des *Palazzo Farnese*, wechseln sich im ersten Obergeschoss Dreiecks- und Segmentgiebel ab. Betrachtet man den Innenraum des *Pantheons*, erkennt man demnach eine Ähnlichkeit der Fenster des Palazzos und der Ädikula des Sakralbaus.

Um vor unbefugten Zutritt zu schützen, ließ man die Fenster zur Zeit der Renaissance im Erdgeschoss vergittern[24]. Die Konsolen unterhalb der Fensterbankgesimse lassen vermuten, dass sich auch hier der Antike bedient wurde, da das Konsolengesims hauptsächlich bei römischen Tempeln als stützender Abschluss eines Gebäudes dient[25]. Bei dem *Palazzo Farnese* dienen die Konsolen nicht einer stützenden Funktion, sondern haben eine rein dekorative Funktion. Auch die Rustikasteine sollen lediglich Akzentuierungen setzen. Die Antike wurde hier also nicht einfach imitiert, sondern von Michelangelo, der die Fassade vollendete[26], abgeändert und an anderer Stelle in der Architektur eingesetzt. Er proportionierte die Fassade auch im Größenverhältnis 1:2, in dem er sie erhöhte[27]. Harmonische Proportionen und Ästhetik scheinen bei dem Bau treue Begleiter zu sein.

Die Rundbogenfenster im zweiten Geschoss werden von Säulen dorischer Ordnung umrahmt und stehen direkt auf den Konsolen. Die Basen der Dreiecksgiebel sind hingegen an der höchsten

---

[22] K.A., *Die Französische Botschaft hat ein schönes Quartier in Rom!*, Februar 2011, http://www.tripadvisor.de/ShowUserReviews-g187791-d246598-r97703984-Palazzo_Farnese-Rome_Lazio.html, letzter Stand: 21.08.2014

[23] Koepf, S. 7

[24] Vgl. Howarth, Eva, *Architektur – von der griechischen Antike bis zur Postmoderne*, 1990, S.124

[25] Koepf, S 282

[26] Kastorff-Viehmann, *Renate, Meilensteine der Architektur*, 2010, S. 126

[27] Vgl.: Frommel, Christoph-Luitpold, *Der Römische Palastbau der Hochrenaissance*, Band 1, S. 124

Krümmung des Bogens gesprengt. Der Rundbogen ist eine Erfindung der römischen Antike. Sie hatte Einfluss auf die Romanik, welche sich zeitlich in das 11. und 12. Jahrhunderts einordnen lässt und Gebrauch von der Formensprache der antiken römischen Kunst machte[28]. Daraus kann geschlossen werden, dass man sich mit der Formensprache der Antike nicht nur in der Renaissance, sondern auch schon im Mittelalter hindurch Gebrauch vom Rundbogen machte. Als Vorbild ist die Form des Triumphbogens, z.B. der *Titusbogen* in Rom, 70 n.Chr.[29] oder das Aquädukt *Pond du Gard* bei Avignon in Frankreich, zu nennen. „Diese Rundbogenstruktur (des Pond du Gard) ist um ein Vielfaches belastbarer als gerade gehauene Träger gleicher Stärke. Durch die spezielle Form werden die auftretenden Kräfte, etwa das enorme Eigengewicht oder die Lasten, nicht nur senkrecht nach unten weitergegeben, sondern auch nach außen"[30]. Untersucht man nun die Form des Bogens am Eingang des *Palazzo Farnese*, scheint es zunächst, als wären die Steine wie beim Aquädukt aus konstruktiven Gründen konzipiert worden sein, doch ist es eher wahrscheinlicher, dass sie aufgrund der Steinvorblendung ihr Aussehen aus dekorativen Gründen und als Verweis auf die Antike begründen. Angesichts Hans Koepfs Definition des Triumphbogens, kann man zudem vermuten, dass der Eingang beim *Palazzo Farnese*, ähnlich einem „Ehrenbogen zur Erinnerung an einen Kaiser", eine willkommen heißende und ehrwürdige Geste darstellen soll. Über dem hervorspringenden Portal, im ersten Obergeschoss, hier dem *piano nobile* , befindet sich eine Balkonloggia, die vom Familienwappen bekrönt wird (Siehe Abbildung 8). Seitlich der rechteckigen Türen und überdachten Fenster flankieren Säulen korinthischer Ordnung, welche eine Basis, Schaft und als Kapitell Akanthusblätter aufweisen.

Das auskragende Dach, welches einen Teil der Außenwände schattiert, ist im Vergleich zum bescheidenen Dekor der flächigen Fassade, reich verziert. So wurden hier kunstvoll verschiedene Ornamente in Form von Blüten, Eierstab, Zahnfries und Löwenköpfe angewendet. An der andersartigen Gestaltung des Kranzgesimses kann man auch ablesen, dass hier unterschiedliche Architekten den *Palazzo Farnese* gestaltet haben (Siehe Abbildung 7). Es stellt sich heraus, dass Michelangelo nach Sangallos Tod im Jahre 1546 die Bauleitung übernahm und unter anderem das Dachgesims und das Familienwappen konzipierte[31]. Anzumerken ist, dass er als einer der Ersten dazu ein Holzmodell baute[32]. Das Modell an sich war bis zum Mittelalter noch kein gängiges Mittel, um

---

[28] Vgl.: Howarth, S. 76
[29] Koepf, S. 470
[30] Bolten, Götz, *Pond du Gard*, 08.08.2013, http://www.planet-wissen.de/kultur_medien/architektur/bruecken/pont_du_gard.jsp, letzter Stand: 22.08.2014
[31] Vgl.: Fischer, Heinz-Joachim, *Rom: zweieinhalb Jahrtausende Geschichte, Kunst und Kultur der Ewigen Stadt*, 2008, S. 252.
[32] Frommel, Christoph-Luitpold, *Der Römische Palastbau der Hochrenaissance*, Band 2, S.130

den Auftraggeber von seinem Entwurf zu überzeugen[33]. Auch hier spürt man die Veränderungen seiner Zeit.

Die Rückfassade (siehe Abbildung 6) wurde von Giacomo della Porta konzipiert und weicht in ihrer Form von der Frontfassade ab[34]. In wie weit sie anders aussieht, wird nun im Folgenden angeführt. Sie führt die Eckrustika und die dreigeschossige Gliederung weiter, jedoch befindet sich zusätzlich in der Mitte noch eine Drei-Arkaden-Öffnung, dessen seitliche Fenster die Gliederung zu einer fünfachsigen erweitert. Es ist anzumerken, dass die Arkaden im mittleren Geschoss geschlossen sind (Blendarkaden) und stattdessen Fenster mit Segmentgiebeln eingesetzt wurden. Die vorgesetzten Wandpfeiler mit rechteckigem Schaft rahmen die Bogenstellungen des Grundgeschosses und des ersten Obergeschosses. Die Säulenordnung beginnt im Erdgeschoss mit der dorischen, geht über in die ionische und schließt im obersten Geschoss mit der korinthischen ab. Auch das römische *Kolosseum*, welches 72-80 nach Christus errichtet wurde, zeigt diese Staffelung der Säulen[35]. Die Halbsäulen stehen wie bei einem römischen Tempel auf Postamenten. Diese Beobachtungen weisen auf die römische Antike hin und betonen die Hierarchie. Im dritten Geschoss sind lediglich Pilaster mit rechteckigem Schaft und Akanthuskapitell zu erkennen. Zudem wiederholt sich die Eckrustika hier noch einmal. Das reichverzierte Gebälk, das im Erdgeschoss Triglyphen und Metopen, und im mittleren Geschoss Festons aufweist, liegt den Säulen gerade auf und kann als Kolonnade bezeichnet werden. Das Ensemble aus Arkaden, Pilastern und Kolonnade, betont den mittleren Teil der Rückfassade und erinnert stark an das Römische Theater. Vergleicht man die Rückfassade mit der Frontfassade, fällt auf, dass sie durch ihre fünf Achsen und Arkaden von ihrer Form her abweicht. Es wird durch die Rückfassade deutlich, dass hier ein weiterer Architekt am Bau beteiligt war.

Der rechteckige Profanbau ist anhand des Grundrisses (siehe Abbildung 4) und der Außenansicht vom *Piazza Farnese* symmetrisch angeordnet. Die Symmetrie war auch schon bei den Griechen in der Antike ein Merkmal der Ästhetik, wie man bei dem Apollontempel bei Bassai sehen kann[36]. Erwähnenswert ist in diesem Zusammenhang auch, dass der frühkaiserzeitliche Architekturtheoretiker Vitruv in seinem Traktat *libri decem* das Thema Symmetrie behandelte und diese beim Bau eines Hauses forderte[37]. Frommel vergleicht die Symmetrie und die Axialität im Mittelalter und hebt hervor, dass sie im Klosterbau eher aufzufinden waren als im Palastbau[38]. Der *Palazzo Farnese* ist gewiss kein Kloster, doch verfügt er ebenfalls über einen Innenhof und über das

[33] Vgl.: Vorlesung 8 vom 13.05.2014 bei Frau Prof. Deicher
[34] Vgl.: Frommel, Christoph-Luitpold, *Der Römische Palastbau der Hochrenaissance*, Band 2, S.146
[35] Vgl.: Howarth, S. 44
[36] Vgl.: Tzonis, Alexander; Gianisi, Phoebe, *Klassische griechische Architektur – Die Konstruktion der Moderne*, 2004, S. 47-49
[37] Vgl.: Vitruv, *Zehn Bücher über Architektur*, übersetzt von Curt Fensterbusch, 1991, Buch VI, 2, S. 271-272
[38] Vgl.: Frommel, Christoph Liutpold, *Der Römische Palastbau der Hochrenaissance*, 1973, Band 1, S. 25

antike Ideal der Symmetrie. Dadurch, dass die Symmetrie für einen Palast eher unüblich war und der *Palazzo Farnese* sie trotzdem aufweist, erklärt die Neuartigkeit des *Palazzo Farnese* und man versteht Frommels eingangs genannte These über die Verbindung des Spätmittelalters mit der Antike.

Ein weiteres Thema von Vitruv war das römische Haus (BuchVI, 3), dessen Einfluss sich bei Sangallo bemerkbar mache[39]. Und tatsächlich erkennt man Ähnlichkeiten. Man betritt den *Palazzo Farnese* von zwei Seiten. Einmal vom *Piazza Farnese* und von der *Via Giulia* her durch einen Korridor, die *fauces*. Der Besucher gelangt in das dreischiffige *atrium*, dem Zentrum des Gebäudes. Hier mögen die morgendliche *salutatio* stattgefunden haben, bei der die Klienten empfangen und Geschäfte getätigt wurden. Das Peristyl lädt dazu sein, sich im Innenhof langsam schreitend zu bewegen und über die Antike und die Freiheit nachzudenken, so wie es im Humanismus üblich war. Licht dringt durch die Dachöffnung, die man *compluvium* nennt. Charakteristisch seien für das römische Haus die symmetrische Gliederung, sowie die Axialität.[40] Dieses Merkmal lässt sich, wie oben schon erwähnt, auch auf den *Palazzo Farnese* anwenden.

Die Erschließung der Etagen erfolgt über mehrere Treppenhäuser, die mit Zwischenpodesten (außer auf der linken Seite) versehen sind. Jacob Burckhardt stellt in seinem *Buch Die Baukunst der Renaissance in Italien* von 1955 fest, dass die erste bequeme, breite und mit durchgeführter Pilasterbekleidung versehene Treppe, die des Palazzo Farnese, vom jüngeren Antonio Sangallo, sei.[41]. Auch Frommel beschreibt sehr detailliert, was neu und vorteilhaft an den Treppen sei[42]. Aus eigener Erfahrung ist hinzuzufügen, dass es durchaus bequemer ist, wenn die Stufen eine gewisse Neigung haben und die Stufenauftritte länger sind. Für ältere Menschen ist es auch vorteilhaft, wenn sie nach mehreren Stufen auf den Zwischenpodesten die Möglichkeit haben kurz zu pausieren. Die Bequemlichkeit steht hier also im Vordergrund.

4. Vergleich

Dieser Abschnitt der vorliegenden Hausarbeit soll zeigen, welche Unterschiede und Gemeinsamkeiten bei beiden Palazzi zu entdecken sind, um auch deutlich zu machen, was sich von der italienischen Frührenaissance Architektur bis zu Hochrenaissance Architektur bezüglich des Palastbaus in Italien verändert hat. Zunächst werden ihre Gemeinsamkeiten an der Fassade dargestellt.

---

[39] Vgl.: Frommel, Christoph Luitpold, *Die Architektur der Renaissance*, 2009, S. 164
[40] Vgl.: K.A.., *Auf der Suche nach dem Ursprung des Atriumhauses*, Keine Angabe zum Erstellungsdatum, http://www.badw.de/aktuell/akademie_aktuell/2006/heft3/05_Bentz.pdf, Stand: 25.08.2014
[41] Vgl.: Burckhardt, Jacob, *Buch Die Baukunst der Renaissance in Italien*,1955, S. 153
[42] Vgl.: Frommel, Christoph Liutpold, *Der Römische Palastbau der Hochrenaissance*, 1973, Band 1, S. 63

Vergleicht man die Abbildung 2 mit Abbildung 5, dann fällt zu allererst die Massivität und die Dreigeschossigkeit beider Fassaden auf. Beide muten durch ihre Proportionen monumental an. Beim *Palazzo Medici Riccardi* galt die Sockel herumlaufende Stufe als Neuheit und wurde fortan als normales Bauelement verwendet[43]. Auch der *Palazzo Farnese* wird von dieser Stufe umgeben, weshalb sich der Gedanke aufdrängt, dass der Palast der Medicis hier als Vorbild diente. Beide Kranzgesimse sind auskragend und bilden den Abschluss der Paläste. Kam es damals zu gesellschaftlichen Tumulten, wie zum Beispiel die Plünderung Roms (Sacco di Roma) von 1527[44], schützten die vergitterten Fenster im Erdgeschoss sowohl die Familie Medici als auch die Familie Farnese. Besonders bei den Fenstern, der Fensteranordnung und bei der Rustika, zeigen sich die Unterschiede.

Die Fenster, die Alberti zusammen mit den Türen als Öffnungen bezeichnete[45], sind ein wichtiges Gestaltungs- und Bauelement an den Fassaden. Während die Fenster aller Geschosse des *Palazzo Farnese* sich alle zueinander vertikal und auch horizontal beziehen, sind die Fenster des *Palazzo Medici Riccardi* nur im zweiten und dritten Geschoss axialsymmetrisch. Darüber hinaus werden die Zwillingsfenster mit überspannten Überfangbogen beim Medici Palast durch rechteckige Fenster im Erd-und Mittelgeschoss beim *Palazzo Farnese* ersetzt. „Typisch für die Hochrenaissance sind Fensterreihen, in denen Fenster mit Segment-und Dreiecksgiebelüberdachungen regelmäßig wechseln", merkt Boris Brauchitsch an auf Seite 124 in *Architektur – von der griechischen Antike bis zur Postmoderne* von 1992. Es wird nun immer klarer, warum die Renaissance in zwei Stilphasen geteilt wurde. Die Deckenhöhe des Erdgeschosses des Medici Palastes ist höher als die darüber liegenden Geschosse. Im Vergleich dazu, ist es beim Farnese Palast das oberste Geschoss, welches eine höhere Raumhöhe aufweist.

Als die Paläste noch Burgen waren, ist es durchaus üblich gewesen die Vorderseite so unbehandelt zu lassen. In der Frührenaissance wurde die sogenannte Rustika übernommen[46]. Die Steinbehandlung des *Palazzo Medici Riccardi* ist im Gegensatz des *Palazzo Farnese* sehr ausgeprägt und gibt der Fassade einen derben und unruhigen Eindruck. Der *Palazzo Farnese* ist vergleichsweise elegant und harmonisch geordnet aufgrund der glatten Oberfläche im Zusammenspiel der regelmäßigen Anordnung der Öffnungen. Die glatte Oberfläche fügt die Fassade als flächige Einheit zusammen, während die Fassade des *Palazzo Medici Riccardi* nicht einheitlich wahrgenommen wird.

---

[43] K.A.., *Michelozzo Michelozzi - Der Hausarchitekt der Medici*, Keine Angabe zum Erstellungsdatum http://www.arthistoricum.net/themen/portale/renaissance/lektion-4/7-palazzo-medici/, letzter Stand: 10.09.2014

[44] Vgl.: Von Brauchitsch, S. 127

[45] Vgl.: Alberti, Leon Battista, Zehn Bücher über die Baukunst, 1912, Buch I, 2, S.21-22

[46] Vgl.: Burckhardt, 1955, S. 52

Widmen wir uns nun den Grundrissen. Die Fassade gibt meist Aufschluss auf das Innere eines Gebäudes. Die Trennung zwischen privaten und öffentlichen Räumen gehört bei beiden Palästen zum Konzept. Auf den ersten Blick scheinen beide Bauten symmetrisch zu sein. Mit Hinblick auf die Grundrisse stellt sich aber heraus, dass nur der *Palazzo Farnese* nahezu spiegelgleich aufgebaut ist und das Atrium im Zentrum liegt. Vitruvs Meinung nach, sei das Atrium nur für die wohlhabenden Bauherren sinnvoll[47], was die Existenz des Atriums bei beiden Bauten begründet. Das Atrium beim *Palazzo Medici Riccardi* hatte zwar dieselbe Funktion wie beim *Palazzo Farnese*, doch ist es durch die asymmetrische Anordnung unter dem Aspekt der Räumlichkeit nicht das Zentrum des florentinischen Baus. Berücksichtigt man die Begriffe der Beleuchtung und Belüftung, fällt auf, dass der Familienpalast des Papst Paul III, durch die kürzeren Wege zum Innenhof leichter zu belüften und wegen der größeren Fenster an der Fassade mehr Licht in die Räume lässt als der Medici Palast. Weiterhin liegen die Eingangsportale des *Palazzo Farnese* auf der kürzeren Seite des rechteckigen Baus, während die Eingänge des Palazzo Medici Riccardi an der breiteren Seite eingefügt sind. Demzufolge unterscheidet sich die Ausrichtung der Paläste. Um zu den einzelnen Geschossen zu kommen, lässt sich beim *Palazzo Medici Riccardi* ein zentrales Treppenhaus und eine Wendeltreppe nachweisen, während die Treppen beim *Palazzo Farnese* sich vereinzelt um das Atrium verteilen. Die Wendeltreppe galt nach Jacob Burckhardt den Toskanern nur den Diensträumen und als geheime Hilfstreppe als erlaubt[48]. Sie sind auch wesentlich unbequemer zu laufen als Treppen mit Zwischenpodest. Der Anspruch der Bequemlichkeit war beim *Palazzo Medici Riccardi* augenscheinlich noch nicht bedacht worden. Ein weiterer Unterschied zwischen den Bauten ist auch, die städtebauliche Anlage. Für den *Palazzo Farnese* wurden Straßen begradigt und er verfügt über einen großen Vorplatz, dem Piazza Farnese, der die päpstliche Macht darstellen sollte[49]. Die Umgebung des Medici Palastes hingegen scheint unberücksichtigt worden zu sein.

5. Zusammenfassung

Zusammenfassend lässt sich sagen, dass der Palazzo *Medici Riccardi* zwar einige Elemente der antiken Formensprache aufweist, doch der *Palazzo Farnese* verhält sich im Gegensatz dazu wie ein Musterschüler. Man findet beim *Palazzo Medici Riccardi* vereinzelt antik-römische Elemente, was kennzeichnend für die Frührenaissance ist. In der Frührenaissance ist das Wissen über die Antike noch wenig verbreitet. Man beschäftigte sich zwar immer mehr mit ihr, aber es fehlten die Medien, mit denen man das erlangte Wissen veröffentlichen konnte. Erst 1450, durch Gutenbergs Erfindung

---

[47] Vgl.: Vitruv, Buch V, 5, S. 283
[48] Vgl.: Burckhardt, S. 141
[49] Vgl.: Frommel, Christoph-Luitpold, *Der Römische Palastbau der Hochrenaissance*, Band 2, S.129

des Buchdrucks, konnten Bücher von Vitruv, Alberti und Serlio in großen Mengen und in kürzerer Zeit vervielfältigt werden. Mithilfe von Illustrationen, die Alberti zum Beispiel ursprünglich weggelassen hatte, sie aber zum Verständnis nachträglich eingefügt wurden, konnte man sogar bauen, ohne je einen antiken Bau je gesehen zu haben. Es wird durch diese Untersuchung verständlich, dass der Architekt Michelozzo das traditionelle Bild eines Florentiner Palastes mit seinem beschränkten Wissen über antike Elemente vereint hat.

Die Architekten Sangallo, Michelangelo, Vignola und della Porta setzten in einer langen Bauphase (ca. 75 Jahre) den *Palazzo Farnese* wie antike Mosaike zusammen. Sie orientierten sich stärker als Michelozzo an der Formensprache der Antike, wobei nicht zu übersehen ist, dass sie sich durch den florentinischen Prototypen inspirieren ließen. Sie haben die Antike jedoch nicht imitiert, sondern im Zuge der Zeit ein neues Bauwerk geschaffen.

Im Ergebnis lässt sich mit diesen Ausführungen nachweisen, dass sich die italienische Palast-Architektur von der Frührenaissance bis zur Zeit der Hochrenaissance weiterentwickelt hatte. Die Ideale der Antike dienten besonders der Hochrenaissance als Maßstab, aber es wurde mit dem *Palazzo Farnese* kein Theater oder Tempel nachgebaut, sondern ein neues Bauwerk erschaffen, das den Ansprüchen der Bequemlichkeit, Harmonie und Repräsentation angepasst wurde. Beide Palazzi setzten durch ihre Neuartigkeit Meilensteine in der italienischen Renaissance Architektur.

6. Literaturverzeichnis

1. Alberti, Leon Battista, Zehn Bücher über die Baukunst, 1912

2. Bolten, Götz, Pond du Gard, 08.08.2013, http://www.planet-wissen.de/kultur_medien/architektur/bruecken/pont_du_gard.jsp, letzter Stand: 22.08.2014

3. Bühler , Dr. Christoph, Das Rom der Renaissance, 2006, http://www.zum.de/Faecher/G/BW/Landeskunde/w3/it/rom/renaissance/index.htm, letzer Stand 05.10.2014

4. Carbonell/ Eduard; Cassanelli, Roberto; Velmans, Tania, Das Zeitalter der Renaissance, 2003

5. Der Duden, 2013, http://www.duden.de/rechtschreibung/Biforium, letzter Stand: 05.10.2014

6. Fischer, Heinz-Joachim, Rom: zweieinhalb Jahrtausende Geschichte, Kunst und Kultur der Ewigen Stadt, 2008

7. Frommel, Christoph-Luitpold, Die Architektur der Renaissance, 2009

8. Frommel, Christoph-Luitpold, Der Römische Palastbau der Hochrenaissance,1973, Band 1-3

9. Gurrieri, Francesco/Fabbri, Patrizia, Die Paläste von Florenz, 1995

10. K.A, Auf der Suche nach dem Ursprung des Atriumhauses, Keine Angabe zum Erstellungsdatum, http://www.badw.de/aktuell/akademie_aktuell/2006/heft3/05_Bentz.pdf, letzter Stand: 25.08.2014

11. K.A, Bibliotheca Hertziana, Max-Planck-Institut für Kunstgeschichte, 03.09.2014, http://fotothek.biblhertz.it/bh/c/bhim00012794c.jpg, letzter Stand: 15.09.2014

12. K.A, Die Französische Botschaft hat ein schönes Quartier in Rom!, Februar 2011, http://www.tripadvisor.de/ShowUserReviews-g187791-d246598-r97703984-Palazzo_Farnese-Rome_Lazio.html, letzter Stand: 21.08.2014

13. K.A, Fassade des Palazzo Farnese in Rom , keine Angaben zum Erstellungsdatum, http://classconnection.s3.amazonaws.com/952/flashcards/2222952/jpg/14_-_rim__palazzo_farnese-14059CEDEC56E32C89D.jpg, letzter Stand: 29.08.2014

14. K.A, Fassade des Palazzo Medici Riccardi, Keine Angabe zum Erstellungsdatum, http://imgkid.com/richardson-marshall-field-wholesale-store.shtml, letzter Stand: 29.08.2014

15. K.A, Literatur, Sachbuch, Wissenschaft, Keine Angabe zum Erstellungsdatum, http://www.chbeck.de/trefferliste.aspx?action=author&author=25879, letzter Stand: 26.09.2014

16. K.A, Michelozzo Michelozzi - Der Hausarchitekt der Medici, Keine Angabe zum Erstellungsdatum http://www.arthistoricum.net/themen/portale/renaissance/lektion-4/7-palazzo-medici/, letzter Stand: 10.09.2014

17. K.A, Palazzo Medici Riccardi, 2012, http://www.gobyseeing.com/place/?nav=404 , letzter Stand: 10.09.2014

18. K.A, Stock Illustration, 22.08.2014, http://comps.fotosearch.com/comp/ECC/ECC116/01030286.jpg, letzter Stand: 22.08.2014

19. K.A,Bilderindex der Kunst und Architektur, 03.09.2014, http://www.bildindex.de/obj08040976.html#|home, letzter Stand: 15.09.2014

20. Kastorff-Viehmann, Renate, Meilensteine der Architektur, 2010

21. Koepf, Hans, Bilderwörterbuch der Architektur, 1999

22. Léon Palustre, Palustre's L'Architecture de La Renaissance (1892): Floor Plan of Palazzo Farnese (Rome), 1892, <http://commons.wikimedia.org/wiki/File:L%E2%80%99Architecture_de_la_Renaissance_-_Fig._28.PNG> letzter Stand: 29.08.2014.

23. Ording, Viola: Der Palazzo Farnese in Rom und seine Architekten, 09.07.2013, http://suite101.de/article/der-palazzo-farnese-in-rom-und-seine-architekten-a76404#.U_XW-mMfIdE, letzter Stand: 21.08.2014

24. Preuß, Gisela, Duden Schülerlexikon, 1985

25. Schwanitz, Dietrich, Bildung, alles was man wissen muss, 2010

26. Senatore, Carol, Florence Webguide,, 2013, http://www.florencewebguide.com/images/palazzo-medici-riccardi-florence-plan.jpg, letzter Stand: 28.08.2014].

27. Tzonis, Alexander; Gianisi, Phoebe, Klassische griechische Architektur – Die Konstruktion der Moderne, 2004

28. Vitruv, Zehn Bücher über Architektur, übersetzt von Curt Fensterbusch, 1991

29. Von Brauchitsch, Boris, Renaissance, 1999

30. Vorlesung 6 vom 22.04.2014 bei Frau Prof. Deicher

31. Vorlesung 8 vom 13.05.2014 bei Frau Prof. Deicher

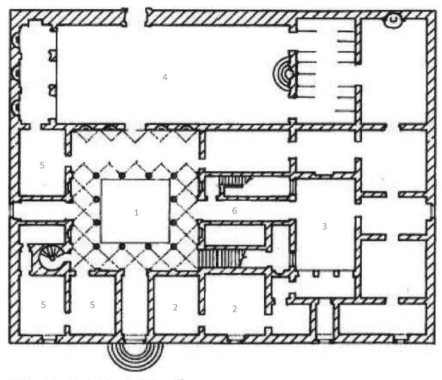

Abbildung 1 Grundriss des Palazzo Medici Riccardi[50]

1. Atrium
2. Wohnung
3. Hof für die Pferde
4. Garten
5. Ausstellungsräume
6. Treppenhaus

[50] Senatore, Carol, *Florence Webguide,,* 2013, http://www.florencewebguide.com/images/palazzo-medici-riccardi-florence-plan.jpg, Stand: 28.08.2014].

Abbildung 2 Fassade des Palazzo Medici Riccardi[51]

Abbildung 3 Zinnenbekrönte Mauer des Palazzo Medici Riccardi[52]

---

[51] K.A.., *Fassade des Palazzo Medici Riccardi,* Keine Angabe zum Erstellungsdatum,
http://imgkid.com/richardson-marshall-field-wholesale-store.shtml, Stand: 29.08.2014
[52]K.A.., *Palazzo Medici Riccardi, 2012,* http://www.gobyseeing.com/place/?nav=404 , Stand: 10.09.2014

17

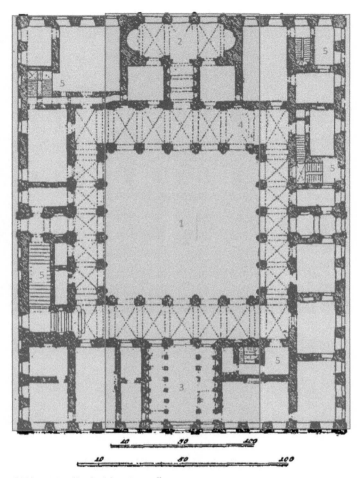

Abbildung 4 Grundriss des Palazzo Farnese[53]

1.   Atrium

2.   Eingangsportal Via Giulia/ fauces

3.   Eingangsportal Piazza Farnese/ fauces

4.   Peristyl

5.   Treppenhaus

---

[53] Léon Palustre, *Palustre's L'Architecture de La Renaissance (1892): Floor Plan of Palazzo Farnese (Rome)*, 1892, <http://commons.wikimedia.org/wiki/File:L%E2%80%99Architecture_de_la_Renaissance_-_Fig._28.PNG> Stand: 29.08.2014.

Abbildung 5 Fassade des Palazzo Farnese in Rom55

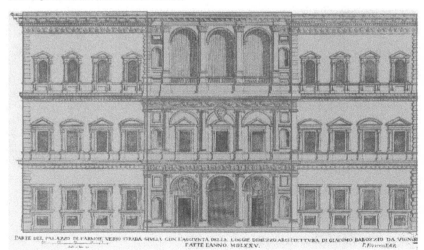

PARTE DEL PALAZZO DI FARNESE VERSO STRADA GIVLIA CON L'AGGIVNTA DELLE LOGGIE DIMEZZO ARCHITETTVRA DI GIACOMO BAROZZIO DA VIGNIE FATTE L'ANNO MDLXXV.

Abbildung 6 Rückfassade des Palazzo Farnese56

[54] K.A.., Fassade des Palazzo Farnese in Rom , keine Angaben zum Erstellungsdatum, http://classconnection.s3.amazonaws.com/952/flashcards/2222952/jpg/14_-_rim__palazzo_farnese-14059CEDEC56E32C89D.jpg, Stand 29.08.2014

[55] K.A.,*Bilderindex der Kunst und Architektur*, 03.09.2014, http://www.bildindex.de/obj08040976.html#|home, Stand: 15.09.2014

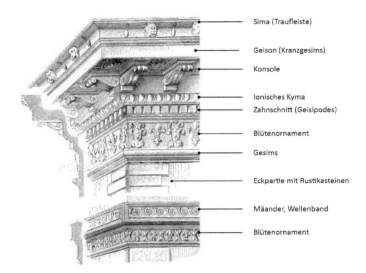

Sima (Traufleiste)

Geison (Kranzgesims)

Konsole

Ionisches Kyma

Zahnschnitt (Geisipodes)

Blütenornament

Gesims

Eckpartie mit Rustikasteinen

Mäander, Wellenband

Blütenornament

Abbildung 7 Illustration, Dach Detail des Palazzo Farnese 56

[56] K.A., *Stock Illustration*, 22.08.2014, http://comps.fotosearch.com/comp/ECC/ECC116/01030286.jpg, letzter Stand: 22.08.2014

Abbildung 8 Detail Front des Palazzo Farnese 58

---

[57] K.A., *Bibliotheca Hertziana, Max-Planck-Institut für Kunstgeschichte*, 03.09.2014,
http://fotothek.biblhertz.it/bh/c/bhim00012794c.jpg, letzter Stand: 15.09.2014